AF596140

ADRESSE

DES SECTIONS
DE LA COMMUNE DE LAVAL,
DÉPARTEMENT DE LA MAYENNE,

Lue à la Convention Nationale, le 11 Juin 1793, par les citoyens Urbain, Hubert *et* Ch. Jourdain, *députés à cet effet.*

Suivie d'un procès-verbal, sur ce qui leur est arrivé à la section de l'Unité, en se présentant pour faire viser leurs passeports.

A LA CONVENTION NATIONALE.

Législateurs,

Une grande nation qui veut être libre vous confia ses destinées, et vous a remis l'exercice de sa souveraineté ; vous pouviez la rendre heureuse ; vos moyens étoient immenses ; qu'avez-vous fait jusqu'ici pour y parvenir ? Nous vous le dirons avec la franchise de vrais républicains. Rien absolument.

Placés à l'entrée de votre carrière, entre le despotisme et l'anarchie (monstres également ennemis de la liberté) ; n'avez-vous terrassé le premier que pour vous laisser, à votre tour, subjuguer par le second ? Celui-ci ne peut être enchaîné que par des lois, et vous ne nous en avez pas encore donné ; ses mugissemens ne peuvent être étouffés que par une bonne constitution, et les fondemens de celle que vous devriez avoir achevée, ne sont pas encore posés.

Vous avez, il est vrai, précipité du trône le tyran ; mais vous laissez régner à sa place une commune audacieuse, dont tous les membres sont marqués du sceau de l'immoralité, qui ne voit qu'elle au milieu de la république, et qui, par son insatiable avidité, épuise le trésor-national ; des tribunes stipendiées par PITT et par COBOURG, et dont l'insolence n'a point de bornes ; des anarchistes audacieux ; des héros du 2 septembre.

Un tel état de choses ne peut subsister plus long-temps ; l'avilissement dans lequel on a jeté les représentans du peuple, perdroit la république : nul, que la masse entière du souverain, n'a le droit de vous dicter des lois ; ceux qui cherchent à avilir la représentation nationale, doivent être punis de mort, car ils sont coupables de lèse-nation : ils méritent les mêmes peines, ceux qui ont influencé vos délibérations, qui vous ont arraché des décrets, car ils ont substitué leurs volontés à la volonté souveraine.

Tel est le résultat des réflexions qu'ont fait naître, dans nos cœurs vraiment enflammés du saint amour de la patrie, les tristes événemens qui ont souillé vos dernières séances. Nos maux sont à leur comble, nous sommes nous dit ;

mais ils n'effrayent point notre courage; nous voyons la profondeur de l'abîme sur le bord duquel un génie désorganisateur nous a conduit, nous trouverons dans notre énergie les moyens de le franchir.

Que ceux-là qui sont venus vous dire, au nom des autorités constituées d'une grande cité, qui autrefois mérita bien de la patrie : *les moyens que nous vous proposons, sont seuls propres à sauver la nation, décrétez-les à l'instant, ou craignez les éclats de la foudre prête à vous écraser;* que ceux-là qui vous ont arraché, par des menaces sanguinaires, l'arrestation de nos représentans; qui vous ont forcé à méconnoître le caractère sacré dont leurs victimes étoient revêtues; qui, armés du poignard de la calomnie, vous ont annoncé qu'ils étoient munis de preuves contre quelques-uns d'entre vous, mais qui n'en ont produit aucune, et qui abusant au si cruellement de leur autorité, cherchoient à égarer l'opinion publique; que ceux-là soient livrés au glaive de la loi ; elle seule doit nous venger des traîtres qui la méconnoissent.

Que les tribunes, dans leurs écarts criminels, cessent d'être soutenues par les anarchistes et les factieux ; qu'elles soient assujéties à la police la plus sévère ; que la peine de mort soit même prononcé contre celui qui élèveroit la voix dans votre enceinte ; les Grecs se connoissoient en liberté, et celui qui s'introduisoit à Athènes, dans les assemblées du peuple, sans en avoir le droit, étoit puni de mort.

Que tous les décrets que vous avez rendus depuis le 30 mai, soient revisés, car nous ne pouvons reconnoître l'expression de la volonté générale, dans des actes enfantés par la peur et arrachés par la violence.

Que nos représentans, car ils n'appartiennent pas plus à tel département qu'à tel autre, soient rendus à leurs fonctions. De quel droit décréteriez-vous la constitution en leur absence ?

Ils sont chargés, par ceux dont vos pouvoirs émanent, de concourir avec vous à son achèvement.

Que vos commissaires près les départemens et les armées, soient rappelés : ils exercent des droits que vous n'avez pu leur déléguer ; qu'aussitôt leur retour, la constitution soit à l'ordre de tous les jours ; occupez-vous en sans relâche, et ne soyez plus troublés par des affaires particulières ou par des pétitions qui toujours devront être mises à leurs comités respectifs ; car, nous vous en prévenons, si une constitution républicaine n'est pas à la discussion au premier juillet, nous vous nommerons des successeurs.

Que les auteurs de l'acte attentatoire à la liberté de la presse, par lequel la circulation des papiers publics a été arrêtée ; que ceux qui ont violé le secret des lettres, soient livrés à la poursuite des tribunaux ; que les pouvoirs de la commune de Paris soient restraints dans son enceinte , et qu'elle apprenne que jamais nous ne reconnoîtrons sa domination ; plutôt mourir mille fois que de ployer la tête sous le joug de fer que l'anarchie , dont elle est le ministre , veut nous imposer ; mais si vous n'étiez pas assez fort pour répondre à nos vœux ; si vous ne pouviez seuls rompre les fers sous le poids desquels la France entière gémit, sachez que nous sommes prêts à voler à votre secours avec la majorité des départemens ; que nous partons tous, et que nos phalanges républicaines réduiront au silence les agitateurs qui veulent étouffer la voix de la liberté, ou qu'elles enlèveront à une cité , qui n'a pas été digne de le conserver, le dépôt sacré que nous lui avions confié , pour le remettre en les mains de ceux qui en sentirons l'importance , et qui ne souffriront pas qu'il soit violé.

Cette adresse a été adoptée le sept juin 1793, l'an deuxième de la république , par toutes les sections de la commune de Laval à l'unanimité, moins tout au plus vingt voix, la minute revêtue de toutes les signatures, demeure déposée aux archives du département.

NOTA. Elle a été présentée à la séance du soir du 11 juin 1793, par les citoyens URBAIN, HUBERT et CHARLES JOURDAIN, députés à cet effet.

LES DÉPUTÉS EXTRAORDINAIRES

DE LA COMMUNE DE LAVAL.

A LA RÉPUBLIQUE FRANÇAISE.

NOUS étions chargés de présenter, à la convention nationale, l'adresse ci-jointe des sections qui composent la ville de Laval, chef-lieu du département de la Mayenne. Nous arrivons à Paris le lundi 11 juin. Le lendemain nous sommes admis à la séance du soir. Introduits à la barre, l'un de nous commence la lecture de cette adresse ; mais à peine quelque phrases sont-elles entendues, que des cris furieux partent des tribunes, et de ce côté de l'assemblée, qui s'est donné le nom de *la Montagne* ; que des injures mêmes, des gestes offencifs, des menaces d'arrestation sont dirigés vers nous. L'on nous traite de factieux, de contre-révolutionnaires ; et dans le nombre des voix, qui répètent ces apostrophes, nous avons la douleur de distinguer celle d'*Esnue-la-Vallée* et *Degrosse-Durocher*, deux des députés de notre département ; la lecture s'achève cependant, dans l'intervalle des clameurs ; le président nous accorde les honneurs de la séance, malgré quelques bruyantes réclamations ; l'on discute, l'on s'égrit de part et d'autre. Plusieurs membres du côté gauche demandent l'improbation de l'adresse ; il en est qui vont jusqu'à proposer, contre nous, le décret d'arrestation et même celui d'accusation ; et pourquoi ? Parce que nous avions été les organes du vœu bien légitime des citoyens de Laval, tendant à ce que les députés mis en état d'arrestation, fussent restitués à leurs fonctions ; à ce que les décrets rendus depuis le 30 mai, fussent révisés, comme n'étant pas l'ouvrage d'une volonté libre, et ayant été arrachés par la violence ; à ce que le projet d'une constitution nouvelle fût au moins soumis à la discussion avant le premier juillet ; à ce qu'il fût prononcé des peines sévères contre les tribunes qui troubleroient encore les délibérations de l'assemblée, et qui continueroient de les influencer ; à ce que la commune de Paris n'excédât plus les limites de ses pouvoirs ; à ce que les commissaires envoyés par la convention, par le conseil exécutif et la municipalité de Paris, près les armées de la république et dans les départemens, fussent rappelés, et rendissent un compte exact de l'emploi des sommes qu'ils avoient reçues ; et enfin, à ce que les violateurs de la liberté de la presse et du secret des lettres, fussent poursuivis devant les tribunaux.

Français ! vous qui voulez la république une et indivisible, et qui la voulez de bonne foi, nous vous le demandons, étoit-ce-là pour mériter un décret d'arrestation, un décret d'accusation ? Le droit de pétition souffriroit-il des exceptions, lorsqu'il auroit pour but la fin de l'anarchie et le terme des divisions qui déchirent la convention ? Nous aurions été traînés sans doute, dans une maison d'arrêt, si la saine partie de nos représentans, après une lutte énergique de plus de deux heures, ne fût venue à bout de rendre impuissante l'intention de ceux qui, peut-être, s'étoient reconnus dans l'adresse de la commune de Laval.

Un autre genre de tyrannie nous attendoit. Nous nous présentons, le 12, à midi et demi, à la section de l'Unité, dans l'arrondissement de laquelle nous résidons, pour faire viser nos passeports. L'on nous envoie dans ce qu'elle appelle son comité révolutionnaire. Nous y trouvons trois à quatre citoyens, et entr'autres, Guéraud, commissaire adjoint, et Gillet son secrétaire; l'un d'eux nous fait subir une espèce d'interrogatoire d'environ deux heures et demie. Déjà instruit de l'adresse dont nous avions, la veille, donné lecture à la convention, il nous dit qu'elle n'avoit pas le sens commun; qu'il falloit être un imbécile, ou un royaliste, ou un contre-révolutionnaire, pour en signer une semblable ; il emploie une longue suite d'argumens pour nous persuader que *la Montagne* n'étoit composée que de patriotes purs, que d'amis constans du peuple, au lieu que les membres du côté droit étoient des anarchistes, des factieux, des aristocrates ; qu'ils vouloient rétablir la royauté ; qu'ils avoient eu des correspondances avec Dumourier, Pitt et Cobourg ; qu'ils ne cherchoient que la perte de la république ; que leur dessein étoit d'amener la contre-révolution, d'exciter la guerre civile ; qu'ils protégeoient les révoltés de la Vendée ; en un mot, qu'ils étoient des gueux, des scélérats ; que l'insurrection n'avoit eu pour objet que l'arrestation des trente députés, contre lesquels elle a été effectivement prononcée, et que la purgation n'étoit pas encore complette. Il nous fait une infinité de questions ; nous représente que les habitans de Laval avoient été trompés ; que nous aurions dû prévenir le comité de salut public, et lui faire part, avant tout, de notre pétition ; nous demande les motifs qui l'avoient déterminé ; nous presse de les lui donner par écrit. Nous croyons alors être arrêtés, et la crainte nous fait signer la déclaration qu'il exige, portant, en substance, que les nouvelles ayant appris l'insurrection du 2 de ce mois, les dangers courus par plusieurs membres de la convention, les canons braqués, les fusils armés et les sabres tirés contr'elle ; l'investissement de la salle par quarante à cinquante mille hommes, l'empêchement de la sortie des députés ; le décret d'arrestation contre trente-deux d'entr'eux, plutôt arraché que librement rendu ; l'influence majeure des tribunes, et les manœuvres des agents secrets des puissances étrangères dans les différentes sections de Paris ; leurs prédications pour exciter la révolte ; leurs conseils incendiaires, surtout d'un nommé Gusman, espagnol, les citoyens de Laval avoient cru devoir voter l'adhésion dont il s'agit, et ne pas rester indifférens aux scènes affligeantes qui venoient de se passer à Paris.

Cette déclaration donnée, et plusieurs questions faites et répétées encore, toujours en faveur de *la Montagne*, l'on nous vise cependant nos passeports, et nous sortons de cette espèce d'inquisition, reconduits par Gillet, qui nous dit avant de nous quitter, ce comité s'appelle comité révolutionnaire, quoiqu'aux termes des décrets il dût se nommer de salut public; mais nous ne sommes pas esclaves de lois que nous savons être faites par une majorité composée de scélérats, la raison nous enseigne souvent à les outrepasser.

Tels sont, en abrégé, les faits dont nous pensons devoir rendre compte à la nation entière. Français! dignes et vrais républicains, lisez et jugez ensuite s'il n'existe pas réellement une faction dominatrice, qui a entrepris d'usurper tous les pouvoirs, ou de détruire la république pour nous donner de nouveaux fers!

Fait et rédigé à Paris, le 12 juin 1793, l'an deuxième de la république, par nous députés extraordinaires de la commune de Laval soussignés,

Signés, HUBERT, CH. M. JOURDAIN.

www.ingramcontent.com/pod-product-compliance
Lightning Source LLC
LaVergne TN
LVHW012017170826
845678LV00004BA/1523
9782329630274